PAROLES

PRONONCÉES PAR

Monseigneur THIBAUDIER

Evêque de Soisssons et Laon

AU SERVICE FUNÈBRE

CÉLÉBRÉ POUR

M. l'abbé Noirot

DANS LA CHAPELLE DU LYCÉE DE LYON

LE 4 MARS 1880

LYON

IMPRIMERIE MOUGIN-RUSAND

3, Rue Stella, 3

1880

PAROLES

PRONONCÉES

Par Monseigneur THIBAUDIER

Évêque de Soissons et Laon

PAROLES

PRONONCÉES PAR

MONSEIGNEUR THIBAUDIER

Évêque de Soisssons et Laon

AU SERVICE FUNÈBRE

CÉLÉBRÉ POUR

M. l'abbé Noirot

DANS LA CHAPELLE DU LYCÉE DE LYON

LE 4 MARS 1880

LYON

IMPRIMERIE MOUGIN-RUSAND

3, Rue Stella, 3

1880

PAROLES

PRONONCÉES

Par Monseigneur THIBAUDIER

Evêque de Soissons et Laon

AU SERVICE FUNÈBRE

CÉLÉBRÉ POUR

M. l'abbé Noirot

DANS LA CHAPELLE DU LYCÉE DE LYON

Le 4 Mars 1880

MESSIEURS ET CHERS FRÈRES,

Vous n'attendez pas de moi une oraison funèbre. L'homme éminent dont le souvenir nous rassemble la mériterait sans doute ; mais à la distance où je me trouvais, et pendant le peu de jours qui se sont écoulés depuis l'invitation de votre Comité, je n'aurais pu recueillir les renseignements nécessaires à un tel discours ; moins encore, au milieu de bien d'autres occupations et d'un grave souci filial, aurais-je trouvé la liberté de composer une œuvre considérable.

Je vous apporte simplement quelques impressions, fraiches quoique anciennes pour la plupart, un peu complétées par des informations qui sont, pour ainsi dire, venues me chercher d'elles-mêmes. Peut-être vaut-il mieux qu'il en soit ainsi. Plus d'un ami et d'un élève de M. l'abbé Noirot a déjà parlé de lui; d'autres, je le crois, parleront encore : chacun dira ce qu'il sait le mieux; nous lui rendrons des témoignages personnels : *quod audivimus, quod vidimus, quod perspeximus, testamur* (1). Ainsi, à nous tous, associant nos crayons divers et fraternels, nous donnerons une image à la fois plus ressemblante et plus complète de ce vénéré maître.

Je passerai donc sous silence, et la jeunesse de M. l'abbé Noirot, et ses débuts dans la carrière sacerdotale. De la première, j'ignore tout ; des autres, je sais seulement qu'ils lui valurent pour la vie l'amitié d'un jeune confrère qui devait plus tard revêtir la pourpre romaine et s'asseoir sur le siège archiépiscopal de Paris, sans éclipser, à mes yeux du moins, l'humble mais utile serviteur que j'ai pu voir aussi heureux que fier de son intimité avec le cardinal Morlot.

Quand j'aurai ajouté, Messieurs, que notre jeune vicaire de St-Bénigne de Dijon, après avoir réuni, en d'autres établissements publics, le ministère spirituel à l'enseignement de la philosophie, devint aumônier du Collége royal de Lyon ; que les enfants, aujourd'hui nos aînés, qu'il y prépara à la première communion, conservent le plus religieux souvenir de ses soins paternels, et que son départ fut pleuré dans cette église même, j'aurai épuisé ce qui est parvenu à ma connaissance de son apostolat direct, et en quelque sorte officiel, au milieu de la jeunesse.

Nous retrouverons le prêtre ; j'ai hâte d'arriver au professeur.

(1) I. *Epist. Joann.*, I, 1, 2.

Aussi bien, Messieurs et chers Frères, sans amoindrir les autres mérites de M. l'abbé Noirot, sans rien ôter à la couronne de ses vertus, ni méconnaître aucun des services rendus par lui à la religion et au pays, il est impossible de ne pas le considérer avant tout comme un admirable professeur.

Tant pis pour qui trouverait que c'est là peu dire. L'Esprit Saint n'est pas de cet avis ; tout en humiliant la science rebelle, de quelque degré qu'elle s'élève contre Dieu, il compte parmi les grandes forces de ce monde le maître même des petits enfants, *doctor parvulorum* (1). L'Eglise n'offre-t-elle pas ce remarquable spectacle, que, de tous les intérêts purement humains, l'instruction de la jeunesse est celui auquel elle voit le plus volontiers s'employer une vie sacerdotale, et celui en vue duquel elle a approuvé, fondé et soutenu le plus de familles religieuses ?

Mais l'excellence du but n'est pas la seule chose qui recommande le professorat. Il exige des qualités et des vertus dont beaucoup de gens ne se doutent point. Le savoir, sans doute : c'est la condition première. Mais la science suppose, outre la capacité, le travail ; et le travail l'énergie de l'âme. La nécessité de cette énergie se retrouve dans l'œuvre même de l'enseignement ; il s'agit là de communiquer laborieusement à de jeunes esprits les connaissances et les procédés qu'on s'est laborieusement rendus familiers ; et pour forcer, pour ouvrir et tenir grandes ouvertes les portes de ces jeunes intelligences, il faut écarter ce qui les obstrue, chasser incessamment les obstacles qui s'obstinent à revenir, n'avoir pas un instant de distraction ni de mollesse. En même temps qu'on est fort, il faut être juste. Pas d'autorité qui demande plus d'équité que celle du maître.

(1) *Isai.*, XXXIII, 18.

L'impartialité est un devoir élémentaire; en manquer serait odieux; mais il faut, avec la même justice, user de poids différents avec les forts et avec les faibles, avec les réfléchis et les dissipés, les présomptueux et les pusillanimes, les dociles et les revêches. Il faut de plus que, dans tous ces cas, la justice soit bonté, dévouement au bien général ou particulier, sous les formes de la rigueur comme sous l'expression de la bienveillance. Et cette bonté doit être la plus désintéressée de toutes, celle qui attend le moins de retour; qui ne savoure point, mais goûte sobrement les témoignages de gratitude rares ou nombreux qui lui arrivent, les considérant comme un assaisonnement du devoir, dont au besoin on se passe sans étonnement et sans murmure. Enfin, Messieurs et très chers Frères, le professeur doit aimer la jeunesse d'une affection profonde et gratuite, non certes plus, mais parfois mieux que le père et la mère elle-même, pour le pays, pour l'éternité, pour Dieu.

Si tel est l'idéal commun du maître, combien plus celui du prêtre professeur de philosophie !

Je ne chercherai pas dans le professorat de M. l'abbé Noirot la reproduction exacte de tous ces traits. Il en est de si délicats, et que Dieu seul peut discerner ! Je ne saurais d'ailleurs, comme plusieurs d'entre vous le peuvent, embrasser une grande étendue de sa carrière, n'ayant fréquenté le Collège royal qu'une seule année : et nous sommes convenus de ne guère dépasser la limite de nos souvenirs personnels.

Une chose certaine, c'est que M. Noirot fut d'abord, et sembla parfois exclusivement à ceux qui le voyaient mal, l'homme de sa fonction. L'explication toute simple est sans doute qu'il était pardessus tout, au dehors, l'homme de son principal devoir extérieur. Dans sa classe et dans les murs du collège, dans les rues même de la ville où il était si connu, on pouvait se demander, à sa mise, s'il était prêtre ; on ne se demandait pas s'il était grave, digne, simple, austère et humble. Maître d'élèves qui appartenaient à des cultes différents, il tenait vraisemblablement à ce que nul n'éprouvât de gêne devant son habit, et n'hésitât, en quelque lieu que ce fût, à lui témoigner l'affectueux respect que chacun avait pour lui dans le cœur. Le fonctionnaire, rendu à la seule vie du prêtre, reprendra la robe de son ordre à Paris ; je l'en ai trouvé revêtu dans un carrefour de la capitale et dans son cabinet, aussi bien qu'à l'Eglise : conscience délicate — qu'on dise à l'excès, si l'on veut — du devoir professionnel, voilée sous un air de négligence.

Mais entrons avec lui dans sa classe. Rien de moins imposant que son port et son visage, rien de moins solennel que sa parole. Sa physionomie est seulement douce, vive et mobile, son regard lumineux, son sourire à la fois plein de finesse et de candeur. Il ne manque pourtant point d'autorité, et, devant l'amphithéâtre où se pressent ses cent élèves, il saurait, à défaut de sentiments meilleurs, imposer la crainte. Il parle : ceux qui ont entendu sa voix ne l'oublieront jamais ; faible et distincte, aigüe et d'une certaine harmonie, sans art et sans effets voulus, et néanmoins féconde en inflexions expressives, pour traduire les sentiments du penseur, les émotions de l'homme de bien, les pures jouissances de l'initiateur industrieux qui amène graduellement des jeunes âmes à discerner les réalités dans la caverne de Platon (1).

On a beaucoup parlé de sa méthode interrogative, sans pouvoir la surfaire. Je ne pense pas que, depuis les lieux charmants où Socrate la pratiquait, jusqu'à la salle assez

(1) *Républ.* L. vii.

obscure où nous étions tout yeux et tout oreilles, sans excepter les ombrages de Tusculum, sous lesquels conversait Cicéron, ni la campagne de Cassissiacum, où Augustin nouvellement converti liait aussi avec des jeunes gens de nobles et gracieux entretiens, — je ne pense pas qu'il ait été fait un usage plus heureux de l'art d'*accoucher* les esprits à la vérité, en provoquant et en dirigeant leur réflexion. Nous avons assisté, Messieurs, vous avez pris part cent fois, à des drames philosophiques qui ne le cédaient point en intérêt à ceux que nous ont transmis les deux plus illustres disciples de Socrate.

Et cependant il n'y avait là ni sophistes ni politiques; il n'y avait que des jeunes gens désireux de connaître et de bien voir, quelques rhétoriciens un peu trop chargés de mots vagues, de figures et de tours oratoires, quelques savants commencés, un peu trop épris de la magie des formules et de l'importance des cornues et du baromètre. Tout ce superflu et cet excessif tombaient peu à peu, sans que rien de légitime et de beau fut ébranlé, au contraire, sous l'aimable ironie et les piquantes instances du maître. Parfois, dit-on, la démolition ne se faisait pas sans quelque confusion et quelques blessures de l'amour-propre; je n'ai gardé souvenir d'aucun accident douloureux; tout s'est borné devant moi à des défaites auxquelles tout le monde gagnait, et dont le vaincu prenait aisément son parti. Puis, le cas échéant, comme on eût été dédommagé, une fois le préjugé brisé et la route ouverte, par l'élan que prenait le vainqueur, toujours à l'exemple de Socrate en ses moments splendides, nous entraînant après lui d'autant plus loin dans le vrai qu'il avait mis plus de temps et d'efforts à nous le rendre accessible !

Mais nous ne sommes encore qu'à la surface, pénétrons au cœur de son enseignement. L'évêque, d'ailleurs, trouve que l'ami de la philosophie s'attarde sur ces questions de forme et de méthode, quoique les saints ne les aient pas dédaignées et que les procédés pédagogiques de M. l'abbé Noirot n'aient pas médiocrement contribué à révéler son âme.

Je ne sais si, parmi les philosophes spiritualistes qui ne se perdent point dans l'idéalisme, aucun excella jamais plus que lui à montrer, à faire comme sentir et toucher, la distinction de l'âme et du corps. Difficilement pouvait-on passer avec lui une partie notable de l'année scolaire sans avoir fait pour toujours ce discernement capital, sans avoir l'intime persuasion que nous connaissons et que tout homme, à bon escient ou non, connaît aussi bien, connaît mieux l'âme que les corps : l'âme dont les phénomènes apparaissent directement à la conscience, tandis que les propriétés des corps, au moins pour la plupart, se déduisent à tâtons des sensations de l'âme. M. Noirot mettait du temps à rendre cette différence familière à ses observateurs novices ; mais ils la saisissaient si fortement qu'il devenait pour eux comme impossible de retomber jamais dans les confusions vulgaires et dans les préjugés sensibles.

Il s'agissait ensuite de distinguer aussi nettement entre eux les divers modes de l'âme que le vulgaire distingue l'un de l'autre les faits de la vue, de l'ouïe et du toucher. On y devenait habile : que de merveilleuses analyses le nouveau Socrate, plus savant sinon plus adroit que son devancier, tirait, question par question, de ses intelligents interlocuteurs !

Mais cette âme, si intéressante qu'elle soit, faut-il y demeurer enfermés ? Non, et d'elle-même elle nous invite et nous oblige à regarder autre part. Car elle avait des jours et des horizons avant que nous vinssions l'étudier, et, si nous voulons véritablement la connaître, nous devons nous rendre compte de ses vues et de ses connaissances. Or, avant toute réflexion philosophique, elle connait le vrai et plusieurs ordres de vérité avec certitude ; elle connait le bien ; elle connait le beau ; elle connait enfin dans une certaine mesure celui qui est par excellence la vérité, le bien et la beauté, elle connait Dieu. Ainsi la connaissance de nous-mêmes servait de point de départ aux parties les plus élevées et aux parties pratiques de la philosophie. Que cette marche puisse être discutée, il est certain, puisqu'elle l'a été par des autorités graves, et qu'elle l'est encore. Je crois néanmoins que, à se bien comprendre, on serait vite ou à peu près d'accord.

Ce n'est pas M. l'abbé Noirot qui dédaignait la scolastique. Qui de nous ne lui a pas entendu dire, équivalemment, qu'elle fut, avec la logique d'Aristote pour lien, la synthèse puissante et splendide des philosophies antiques et de la vérité chrétienne, celle-ci recueillie dans les saintes Ecritures et dans les œuvres des Pères de l'Eglise ? Or, c'est ce que vient de proclamer éloquemment, du haut de la Chaire Apostolique (1), le Pontife qui depuis deux ans éclaire par ses écrits la route qu'il ne nous marque pas moins par ses exemples. La scolastique, d'après M. Noirot, et d'après d'autres moins chrétiens que lui, il ne convient pas à la France de la dénigrer ; car nous lui devons en partie les rares qualités qui font de notre langue la plus claire et la plus précise qui ait existé ; car une des causes grâce auxquelles Paris est devenu la première des capitales intellectuelles est que Paris fut au moyen-âge la capitale de la scolastique. J'aime à supposer, Messieurs, que vous reconnaissez ici la pensée et jusqu'aux termes de notre ancien maître.

(1) *Encyclique Æterni Patris.*

Quant à la marche qu'il suivait, elle n'est point nouvelle. Si l'on ne remonte ni à l'antique γνῶθι σεαυτόν, ni au *Noverim me, noverim te* (1) de S. Augustin, on est au moins obligé de remonter à Bossuet, dont tout élève de M. l'abbé Noirot doit connaître, pour peu qu'il ait été docile, le traité de la *Connaissance de Dieu et de soi-même.* Or, c'est dans l'œuvre supérieure, quoiqu'inachevée de ce grand homme, qu'a été pour la première fois, croyons-nous, largement et fortement appliquée la méthode qui conduit de l'étude de l'homme à celle de Dieu ; et la théorie de cette méthode se trouve magistralement exposée dans l'admirable lettre de l'évêque de Condom à Innocent XI, comme ce pontife l'en félicite dans sa réponse (2). Seulement, qu'on n'ou-

(1) *Soliloquia.*

(2) « Rationem ac methodum, qua præclaram Delphini indolem op- « timis artibus ab incunte ætate imbuendam suscepit Fraternitas tua, « et feliciter adolescentem in præsens imbuit, eleganter copioseque « descriptam in tuis litteris, dignam judicavimus... »

Je ne résiste pas au désir de joindre à cette haute approbation toute une des pages qui la méritent le mieux, celle, précisément, où Bossuet expose sa méthode philosophique :

« Quum intelligeremus eo philosophiam maxime contineri, ut animum, primum ad sese revocatum, hinc quasi firmato gradu ad Deum erigeret ; ab eo initio exorsi sumus : eam enim veram esse philosophiam, maximeque parabilem, qua scilicet homo ipse, non lectione librorum ac philosophorum placitis operose collectis, aut experimentis longe conquisitis, sed ipsa sui experientia nixus, ad auctorem suum se deinde converteret. Hujus pulcherrimæ utilissimæque philosophiæ jam inde a primis annis semina fecimus ; omnique industria enisi sumus uti puer quam maxime animum a corpore secerneret, hoc est, eam partem quæ imperaret ab ea quæ serviret, tum, sub mentis corpori imperantis imagine, Deum orbi universerso, ipsique adeo menti, imperantem agnosceret. Adultiore vero ætate, quum tempus admoneret jam via ac ratione tradendam esse philosophiam, tractatum instituimus *de cognitione Dei et sui :* quo structuram corporis animique naturam, ex his maxime

blie pas que Bossuet écrivit aussi pour le Dauphin une logique. Notre maître s'en souvenait, et pour apprécier à leur valeur les aperçus et les développements nouveaux que de grands esprits ont apportés dans les questions de méthode, il ne laissait pas de regarder comme nécessaires et précieux à jamais les principes et les exercices auxquels l'intelligence humaine doit aujourd'hui sa force et sa rigueur.

Que dirai-je de ses autres doctrines ? Je ne veux pas résumer un cours de philosophie. Signalons seulement deux ou trois points.

quæ in se quisque experitur, exponimus ; idque omnino agimus, ut, quum homo sibi sit præsentissimus, tum sibi in omnibus præsentissimum contempletur Deum, sine quo illi nec motus, nec spiritus, nec vita, nec ratio constet, juxta illam sententiam maxime philosophicam Apostoli Athenis, hoc est, in ipsa philosophiae arce disputantis; « *Non longe est ab unoquoque nostrum ; in ipso enim vivimus, et movemur, et sumus* ; (1) » et iterum : « *Quum ipse det omnibus vitam, et inspirationem et omnia.* » (2) Quæ quum Apostolus ut philosophiæ nota assumat ad ulteriora animos provecturus, nos illum a natura humanis ingeneratum mentibus divinitatis sensum ex ipsa nostri cognitione eliciendum excitandumque suscepimus ; certisque argumentis effecimus, ut qui se belluis nihil præstare vellent, mortalium omnium vanissimi pariter ac turpissimi, necnon nequissimi, judicarentur.

Quid plura ? hinc dialecticam moralemque philosophiam adornavimus, excolendis animi quas in nobis experiebamur sublimioribus partibus, intelligendi nimirum ac volendi facultate. Ac dialecticam quidem ex Platone et Aristotele, non ad umbratilem verborum pugnam, sed ad judicium ratione formandum ; eam maxime partem oratione complexi, quæ topica argumenta rebus gerendis apta componeret, eaque alia aliis nectendo, firmaret. »

A ne juger de l'enseignement de Bossuet que par ses livres, ce qui à la vérité ne serait pas équitable, j'oserais dire qu'il a mieux décrit dans cette page les leçons de M. Noirot que les siennes mêmes

(1) *Act. Ap.*, XVII, 27, 28.
(2) *Ibid*, 25.

Quelle haute idée il nous donnait du devoir ! Comme
il courbait nos fronts sous l'autorité de cette voix in-
térieure qui, seule, tandis que tant d'autres crient, solli-
citent et font tumulte dans la conscience, seule com-
mande et dit : « Obéis ; *je suis, moi seule, la loi de la
liberté !* »

La liberté, Messieurs et chers Frères, il en parlait beaucoup, n'est-ce pas? Il parlait aussi des droits. Mais de ceux-
ci et de celle-là il parlait en sage. Il ne reconnaissait de
droit absolu à aucun mauvais usage de la liberté. Et, quant
aux libertés qui ont leur racine et leur raison d'être dans la
liberté morale, il insistait sur cette solidarité, sur le lien
logique qui unit les rejetons à la première tige, la liberté
civile, par exemple, et la liberté politique au libre arbitre. De
là une espèce d'effroi que semblait lui inspirer toute philosophie qui méconnait les facultés nobles de l'âme ; il y
voyait, notamment, une ennemie des droits et de la liberté.
Un jour, il prononça, lui, si modéré, un mot relativement
terrible ; d'autres que moi peuvent s'en souvenir. Il était
question des principes sociaux qui, sous des formules que
nous n'avons pas à discuter, sont devenus les fondements,
en grande partie équitables, de nos institutions modernes.
Le maître provoqua un rapprochement inopiné de ces principes avec la triste philosophie des hommes qui en firent,
au siècle dernier, de si violentes applications. Conséquent
et courageux, l'élève interpellé signale la contradiction des
hommes et de leurs doctrines, affirme que les principes de
justice procèdent d'une philosophie très différente de celle
qui ne se fie qu'aux sens et ne connait que la matière :
« Eh ! sans doute ! continue le maître avec une véhémence
« qui ne lui était pas ordinaire ; ces hommes étaient des
« *scélérats ;* ils n'avaient plus même l'intelligence des prin-
« cipes qu'ils prétendaient appliquer, et qui leur venaient

« d'une philosophie oubliée ! » — *Iniquos odio habui, et jus-*
litiam dilexi (1).

Nous étions, Messieurs, en 1845.

Pas plus que Cicéron, l'abbé Noirot ne voyait grand
chose de bon à tirer de l'épicurisme, quelques formes
scientifiques ou généreuses qu'il veuille revêtir. Sous le
bénéfice de cette exclusion, son esprit, non moins large
qu'élevé, mettait soigneusement à profit tous les bons côtés
des grandes doctrines, alliant Aristote à Platon, S. Augustin
à S. Thomas, Bacon, Descartes, et même Kant, à de Bo-
nald, de Maistre et Lamennais, trouvant la substance, le
germe ou la fleur de tout dans Bossuet. Personne n'eut
plus à cœur que lui de tenir compte de toutes les facultés,
de tous les besoins, de toutes les aspirations, de tous les
intérêts de l'esprit humain et de l'homme.

Il était amené par là à toucher en passant à beaucoup
de choses qui n'avaient pas communément leur place dans
un cours élémentaire de philosophie ; et chaque point qu'il
effleurait, même par hasard, demeurait pour les auditeurs
intelligents éclairé d'une lumière durable.

Non moins qu'à l'école de Socrate, les artistes eussent
trouvé, et ont en effet trouvé auprès de lui, des indications
précieuses. Il commentait mieux que Buffon ne l'a fait et
ne l'eût pu faire lui-même ce beau mot : « Le style, c'est
l'homme. » Car, si dans les œuvres de l'esprit il exigeait
avant tout de la clarté, de l'ordre et de la justesse, il voulait aussi, comme plus récemment le P. Gratry (2), que,
en dehors de la science abstraite et pure, l'homme tout
entier, raison, sensibilité, imagination, caractère, passât
dans sa parole et dans ses écrits. Malgré que nous en ayons

----

(1) *Ps.* CXVIII.
(2) *Passim*, mais principalement dans *Les Sources*.

d'ailleurs, faisait-il remarquer, nous y apparaissons plus ou moins : grave leçon de conduite à inculquer à la jeunesse !

Ce sage, qu'on aurait dit faiblement attentif aux affaires temporelles de ce monde, et qui pensait que la culture des âmes est le grand moyen de préparer à la société un avenir prospère, était néanmoins préoccupé du rôle réservé à une science alors très loin d'être classique, si jamais elle doit le devenir : je veux parler de l'économie politique. Je ne mentionne, du reste, que pour montrer à quel point la largeur de l'esprit s'unissait à l'élévation et à la délicatesse de ses tendances, les brèves parenthèses où M. l'abbé Noirot fit une place, mais une place non banale, à cette science nouvelle, dans ses leçons communes. Quelqu'un de vous, Messieurs, aura suivi les conférences privées où il initiait sommairement quelques élèves d'élite aux conditions de la vie matérielle, de l'aisance, de la force et du bonheur terrestre des nations ; n'ayant pas eu cet avantage, je laisse à d'autres le soin d'en parler.

On ne sera pas tenté de se demander, après tout ce qui est aujourd'hui notoire de M. Noirot, comment il exerçait un si doux et si puissant prestige sur ses élèves, comment il en faisait des jeunes gens réfléchis et les pénétrait fortement des plus saines idées spiritualistes, ni même comment, suivant la parole qu'on rapporte de M. Cousin : *Il faisait encore plus des hommes que des élèves.* Mais il est permis de se demander, et l'on s'est demandé quelquefois comment il a fait ou contribué à faire de nombreux et de grands chrétiens.

Pour être entièrement juste et vrai, il faut tenir compte de la religion profonde qui distinguait, et qui anime encore, grâce à Dieu, tant de familles de cette cité et de son voisinage. Les pères et les mères, les mères surtout, étaient de bons précurseurs et d'excellents auxiliaires de M. l'abbé

Noirot : céla soit dit sans blâme pour ceux qui désirent
ajouter quelques connaissances à l'instruction de leurs ar-
rières petites-filles, pourvu qu'ils ne leur ôtent rien du tré-
sor de la foi et de la vertu ; mais cela soit dit sans compli-
ment aussi, Messieurs, pour ceux qui traitent comme nous
le voyons les femmes sensées, graves, aimables, les femmes
éclairées et les saintes femmes qui vous ont mis au monde ;
qui vous ont élevés, dans le vrai sens du mot, et dont, jusque
sous des cheveux blancs, vous regrettez peut-être les lumiè-
res et les avis autant que le dévouement et les exemples.
La mère d'Ozanam n'était pas seule, elle ne le serait
pas aujourd'hui non plus, à diriger, à soutenir, à pousser
son fils dans des voies qui n'ont certes rien d'étroit ni de
vulgaire !

Mais enfin la part du professeur dans la conservation et
l'affermissement de l'esprit religieux au milieu de vous,
passe pour avoir été, et fut réellement très grande. Il ne
prêchait pourtant pas dans sa chaire. Je ne me rappelle pas
l'avoir entendu disserter longuement sur le christianisme,
encore moins exhorter à en remplir tous les devoirs. Tel
n'était pas son rôle devant son auditoire habituel : et il
avait une intelligence si exacte de ses obligations, d'une
part, puis des moyens les plus efficaces dont il disposait
pour le bien ! Je ne me charge pas d'expliquer complète-
ment son influence ; mais voici des explications qui me
paraissent plus que suffire.

Le christianisme, qui semble exclusif, et qui l'est en
effet de l'erreur, — sans exclure, maintenons-le, aucune
tolérance justifiée, — le christianisme a de vives affinités
avec toutes les parties du vrai. Plus l'enseignement de
M. Noirot, sans admettre aucun alliage d'éléments incon-
ciliables, était harmonieusement compréhensif ; plus il
offrait de chemins qui aboutissaient, directement ou non,

à la vérité chrétienne. En second lieu, si ce prêtre sage ne dédaignait aucun domaine de la vérité ; si toute science, toute idée juste, tout procédé fécond, tout mouvement en rapport avec les fins de l'homme ou de la société lui étaient chers, il ne laissait pas de distinguer entre les choses bonnes et légitimes ; les meilleures avaient ses préférences; et, quoique les plus exquises ne fussent pas celles dont il parlait le plus, lorsqu'elles confinaient à peine à son programme, il les faisait discrètement entrevoir ; le sentiment intime de son cœur, inaperçu des distraits, apparaissait aux attentifs. Un mot, presque un cri étouffé, trahissait son âme, déchirait un coin du voile, soulevait des questions dont on voulait avoir, dont on cherchait, et dont, Dieu aidant, on finissait par trouver le mot final. Quand on imprime à la jeunesse un mouvement vers les hauteurs, qu'on lui a fait franchir heureusement certains échelons et que les sommets qu'on lui signale n'ont rien de chimérique, il n'est pas toujours nécessaire de l'y conduire pas à pas : *Qui potest capere, capiat* (1)! Des âmes généreuses se rencontrent, qui les gravissent d'elles-mêmes, y plantent leur étendard, y établissent leur tente, adressent leur appel et tendent les mains à d'autres.

Peut-être, Messieurs et chers Frères, me suis-je trouvé dans des conditions assez favorables pour faire ces observations, comme pour en cultiver et en féconder le souvenir. Je n'arrivais pas sans études philosophiques au pied de la chaire de M. Noirot; j'y apportais les fruits d'un autre enseignement, dont rien ne saurait affaiblir en moi ni la mémoire ni la gratitude. Puis, je me suis efforcé pendant vingt ans de transmettre à d'autres ce que je n'avais pas laissé perdre des leçons de mes deux maîtres et le peu que j'en ai

(1) *Matth.*, xix, 12.

retrouvé ou que j'ai pu y joindre par la réflexion, par la lecture, par l'assistance à d'autres cours. J'ai eu, conséquemment, la facilité de comprendre dès le premier jour, le besoin et le devoir de me ressouvenir, et assez d'occasions de comparer. Voilà pourquoi je me suis abandonné avec une certaine confiance à ces détails, que ce lieu et cette assemblée me paraissent comporter, que votre piété quasi filiale m'a semblé devoir accueillir, comme la mienne, forcément plus oublieuse depuis dix ans, aime à les revoir avec vous.

Ma tâche approche de sa fin, puisque je me suis proposé d'apporter surtout à la mémoire de notre vénéré maître le tribut de mon témoignage personnel. Les circonstances ne m'ont pas permis de rechercher auprès de lui l'honneur d'une grande intimité. Nos entrevues, toujours affectueuses de sa part et douces de mon côté, ont été rares; je ne rapporterai donc de la fin de sa carrière que ce qui est notoire, ou les faits dont la connaissance est en quelque sorte venue au-devant de moi.

Par suite, je passerai sous silence, et ses années d'inspection générale, et ce rectorat de Lyon qui fut accueilli avec tant de joie. Si je ne me trompe, du reste, M. Noirot n'étant plus professeur, il lui tardait de n'être plus que deux choses : homme et prêtre. En le devenant autant qu'il le désirait, par une retraite bien gagnée, il eut le bonheur inattendu de redevenir, par surcroît, professeur, cette fois gratuitement et par pur amour de la jeunesse. Vous savez tous qu'il fut prié, et qu'il accepta avec empressement, de donner des conférences de philosophie au *Cercle catholique* des étudiants fondé à Paris par un lyonnais, le digne et dévoué M. Beluze. M. Noirot a continué ces conférences jusqu'à l'âge de quatre-vingt-deux ans. Elles furent telles qu'on devait les attendre de lui : il y a partout, et sans doute ici, de ses auditeurs de la dernière heure; *ipsi de se loquantur* (1).

Je ne suis pas non plus de ceux qui peuvent le mieux dépeindre l'homme que fut notre docte maître. Avant, comme après son retour à la vie privée, j'ai connu, ainsi que tout le monde, sa simplicité, sa modestie, sa bienveillance; j'ai reçu de lui quelques gages de cordialité que je méritais imparfaitement; je sais de quelle respectueuse sympathie il était honoré, même par des savants qui ne devaient pas leur renom à leur indulgence; je sais qu'être honnête, religieux, avoir perdu un fils remarqué de lui, étaient des titres à son plus sérieux intérêt; je sais, comme vous, que, s'il fut l'objet de remarquables attachements, il eut aussi l'amitié fidèle et aussi commode qu'inaltérable.

Sa charité était grande : une personne qui l'a vu de près et suivi, ces dernières années, déclare qu'on ne s'est jamais plus caché pour faire autant de bien. Il eut pourtant une fois scrupule de son trop de secret. Je tiens d'un prêtre qui le visitait, qu'un jour, après hésitation et non sans embarras, *mais enfin pour qu'on ne fût pas mal édifié sur l'usage de ses ressources*, il tira de son secrétaire un document assez pompeux orné de signatures : c'était l'hommage de vive et profonde gratitude que lui avaient adressé les habitants de son village natal, pour la fondation qu'il venait de faire d'un hospice où seront désormais soignés les pauvres malades de cette localité, dont je ne saurais pas même vous donner le nom. Ses restes mortels y vont reposer à côté de son œuvre : « *Beatus qui intelligit super egenum et pauperem* (2).

Il me semble, Messieurs et chers Frères, que nous avons

(1) *Joan.*, IX, 21.
(2) *Ps.* XL, 2.

insensiblement passé de l'homme au chrétien et au prêtre.

Voici maintenant le prêtre à l'autel, tous les jours, à une heure régulière et relativement matinale, surtout la dernière année de sa vie ; et c'est, dit-on, par une obligeante charité qu'il aurait changé l'heure de sa messe et célébré à 7 heures au lieu de 8, cet hiver même.

A-t-il enfin volontairement renoncé à son apostolat de la jeunesse ? Non, quand l'enseignement lui devient impossible, même au *Cercle catholique*, la Sainte Messe lui offre encore un moyen d'être utile et d'édifier. Presque dans les combles de la vaste église de St-Sulpice, est établie, sous le nom d'*Œuvre de Notre-Dame des étudiants*, une réunion dominicale où les jeunes gens du *Quartier latin* assistent à l'office divin, prient, chantent et communient ensemble, entendent la parole d'un prêtre zélé et savant qui, les jours de la semaine, les reçoit, les encourage et les conseille, s'ils le veulent, comme un père et un ami (1). Dès les premiers

(1) Ce prêtre est en ce moment M. l'abbé Riche, originaire du diocèse de Soissons et membre de la communauté de St-Sulpice. Il est auteur de plusieurs ouvrages très estimables dont l'un, *Le Cœur de l'homme et le Sacré-Cœur de Jésus*, a même été honoré d'une lettre fort laudative de M. Noirot. Les écrits imprimés du vénéré défunt étant rares, plus d'un lecteur sera bien aise que j'emprunte cette lettre à la publication où il avait désiré lui-même qu'elle fût insérée :

Paris, le 9 juin 1878.

« Mon cher Monsieur Riche,

« J'ai à vous remercier de votre dernière et remarquable étude sur le Cœur de l'homme. Je l'ai lue et relue avec un très vif intérêt ; et, dans le fond comme dans la forme, je n'ai rien vu qui laissât à désirer.

« On trouve, dans ce travail, trois choses qui se rencontrent rarement ensemble dans un ouvrage de ce genre : la profondeur, la clarté et un grand mérite d'expression.

« Votre psychologie du cœur est tout à la fois un admirable traité temps qui suivirent sa retraite, M. Noirot accepta avec joie de devenir, non le prédicateur — la chapelle était trop étendue, la voix du maître trop affaiblie, qui sait? sa timidité probablement trop grande, pour cette fonction — mais bien l'aumônier de cette œuvre intéressante. Il n'a cessé de lui faire, jusqu'à l'âge de quatre-vingt-six ans, chaque dimanche à 9 heures, la charité de sa messe. Tant qu'il a pu monter, haletant, les 90 à 100 marches étroites qui mènent à ce réduit, il a persisté, nonobstant les représentations compatissantes de ses amis et de son propre collaborateur, à rendre ce dernier et pieux service : *l'abandonner, eût été*, disait-il, *se priver de sa plus grande douceur* (1).

Messieurs, notre professeur était bien un prêtre !

J'ai voulu faire le pèlerinage de *Notre-Dame des étudiants* et y prier pour celui qu'on pourrait appeler, ce me semble, l'Apôtre caché. Le souvenir mis à part, je n'ai rien trouvé qui mérite de s'ajouter à la description succinte qui précède, si ce n'est une belle statue de la Vierge-Mère avec son divin Fils, déjà fort et prêt à l'action, sculpture et don de

d'anatomie, et une vraie et solide démonstration de l'existence de Dieu.

« Après avoir étudié le cœur en lui-même, vous le considérez dans ses rapports avec l'organisme et avec la pensée ; et vous trouvez, dans vos prémices, la solution d'une foule de questions qui étaient demeurées jusqu'à présent sans réponse.

« Veuillez donc recevoir, avec mes félicitations et mes remerciements, l'assurance de mes sentiments affectueux.

« NOIROT. »

A qui apprécie la netteté de la pensée et la fermeté du trait, cette lettre, d'un vieillard de quatre-vingt-cinq ans ne paraîtra pas insignifiante.

(1) Témoignage de M. l'abbé Riche.

notre habile et religieux compatriote, M. Bonnassieux, membre de l'Institut.

Non habemus hic manentem civitatem (1). M. Noirot l'avait trop bien enseigné pour l'oublier; ses quatre-vingt-sept ans l'auraient rappelé à de moins sages que lui. *Futuram inquirimus* (2), c'était le corollaire ou la conclusion expresse de tant et de si belles leçons! Nous venons de voir que, sans faire étalage de ses préoccupations, il prenait paisiblement ses dispositions pour le grand passage qu'il nous faut tous accomplir. Le dernier moment approche — on sait qu'il surpend d'ordinaire même ceux qui l'attendent —; le prêtre ami, auquel le vénérable vieillard avait confié la garde de ses intérêts spirituels, remplit affectueusement son devoir. M. Noirot demande vingt-quatre heures pour se préparer aux derniers sacrements; ni une parole inquiète ni un gémissement ne lui échappent; son regard calme et intelligent prend seulement plus souvent la direction du ciel. Le lendemain les rites sacrés s'accomplissent avec piété, et M. Noirot meurt discrètement comme il a vécu.

N'est-ce pas ainsi, Messieurs, qu'il devait finir? Assurément de belles morts ont d'autres caractères. Une Petite-Sœur des Pauvres, moribonde à côté d'une sainte compagne qui la devance, prie qu'on la mette sur le grabat non refroidi, afin de prendre son élan de ce marchepied sanctifié (3); un père de famille, jusqu'à l'extinction de la voix et du souffle, console, bénit, exhorte ses enfants et ses petits-enfants; un Ozanam, ramené de l'étranger, tressaille en revoyant la terre de France, et rend grâce à Dieu

(1) *Hebr.*, XIII, 14.
(2) *Ibid.*
(3) Fait récent à St-Quentin.

de mourir, non-seulement sous les baisers du Christ et dans les bras des siens, mais sur le sein de la patrie ; le cardinal Matthieu (1) va, un cierge à la main, au-devant du pain de vie qu'on lui apporte pour la dernière fois, et reconduit de même au bout de son appartement Celui qu'il tient sur son cœur : voilà des morts admirables, d'une solennité légitime et pure. Notre professeur, vous le savez, ne connaissait que la pensée et l'action nécessaire. Nous n'envierons pas du moins pour lui la mort stoïque, toujours plus ou moins dure et farouche, ni même la mort de Socrate, qui nous a fait sourire et sangloter dans le récit de Phédon. Tout cela était bon avant le Calvaire ; mais, depuis le sacrifice de l'Agneau de Dieu, et son regard abaissé sur Marie, Jean et Madeleine au pied de la croix sanglante, et ses paroles miséricordieuses au bon larron, et sa prière pour ses bourreaux, ceux qui meurent bien meurent autrement que les anciens philosophes. Ils ne sont pas tous exempts d'angoisses, mais ils expirent avec douceur, humilité et confiance : *Scio cui credidi, et certus sum quia potens est servare depositum meum in illum diem* (2).

O Père, vous nous avez quittés plein de jours, et vous nous laissez néanmoins pleins de regrets ! Quoique nous fussions pour la plupart privés de vous voir, il nous était doux de savoir que votre pensée habitait encore ce monde ; qu'elle jetait autour de vous quelques éclairs, et que votre âme de prêtre se manifestait à un grand nombre telle qu'elle avait été connue d'un entourage plus restreint. Grâce au ciel, vous ne disparaissez pas tout entier d'ici-bas ; malgré ce que le temps a déjà emporté dans la tombe, une grande part de votre œuvre demeure. Vainement allègue-t-on que

(1) Dernier archevêque défunt de Besançon.
(2) II *Tim.*, I, 12.

vous ne laissez pas d'écrits qui perpétuent et multiplient les fruits de vos méditations et de vos études; vous vous êtes multiplié et vous vous survivez dans des âmes vivantes, dans des hommes illustres, dans des penseurs, des lettrés, des poètes, des savants, et ce qui vaut mieux encore, dans une foule d'hommes utiles, au cœur bien placé, chrétiens. Vous pouvez leur répéter, aux présents et aux absents, à ceux qui ont terminé leur tâche et à ceux qui travaillent, à eux et à leur descendance, la fière et tendre parole du grand Apôtre, qui écrivait pourtant, lui, à ses bien aimés Corinthiens : *Epistola mea vos estis, quæ scitur et legitur ab omnibus hominibus, scripta non atramento, sed spiritu, non in tabulis lapideis, sed in tabulis cordis* (1). Père, recevez en ce jour, où votre humilité ne peut plus ni se troubler ni s'offenser, les hommages publics de vos fils selon l'esprit, de ce lycée, de cette ville, du pays et de la sainte Eglise. Daigne le Seigneur, agréant nos prières reconnaissantes dans le lieu où vous avez tant de fois offert la Victime sainte, réjouir et au besoin soulager votre âme !

Il ne me reste plus, Messieurs et très chers Frères, qu'à m'approprier, et vous vous approprierez avec moi, je n'en doute point, les derniers mots de la réponse d'Innocent XI à la lettre de Bossuet sur l'éducation du Dauphin. Puisque, aujourd'hui, les hommes qui disposent du sort des peuples sont nombreux, et qu'en particulier ceux qui doivent, sous des titres divers, diriger plus tard la France vers ses destinées se pressent plus que jamais sur les bancs de toutes nos écoles, *accuratas fundimus preces*, dirons-nous avec le pape du XVIIe siècle, en pensant à notre professeur du XIXe, *ut pariter erudiantur omnes qui judicant terram. Amen.*

(1) II *Cor.*, III, 2.

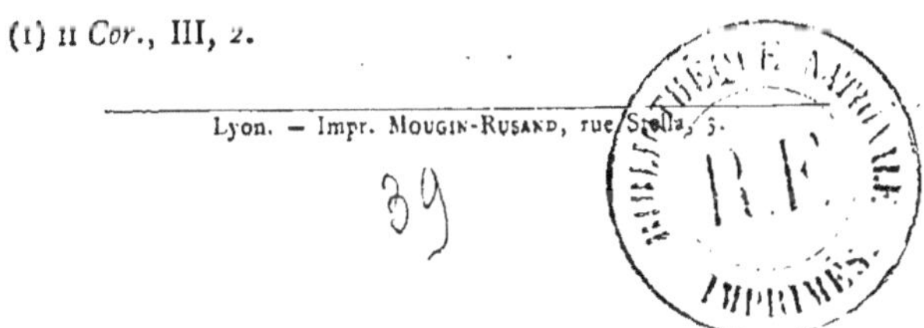
Lyon. — Impr. Mougin-Rusand, rue Stella, 3.